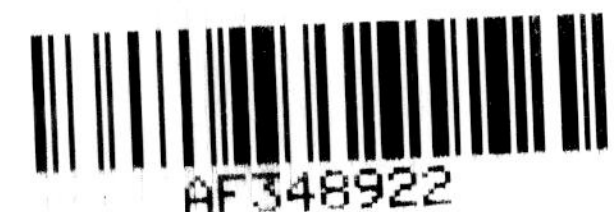

PRENDI IL VOLANTE

Libro Da Colorare Adulto Gesù Edition

Coloring Bandit

Pubblicato da Speedy Publishing Canada Limited

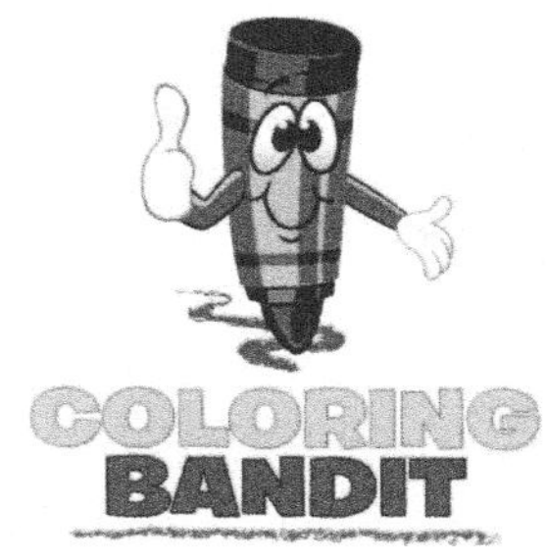

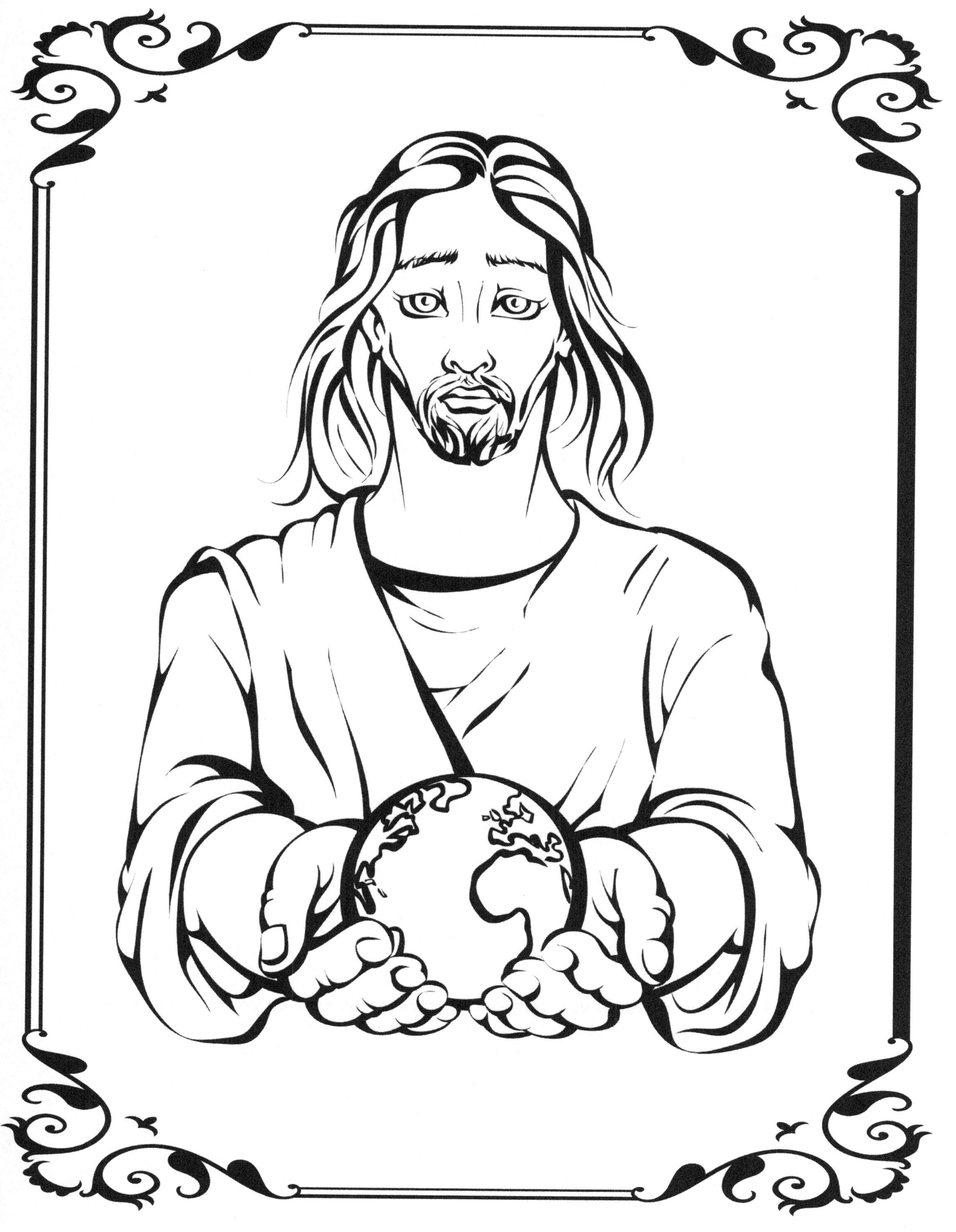

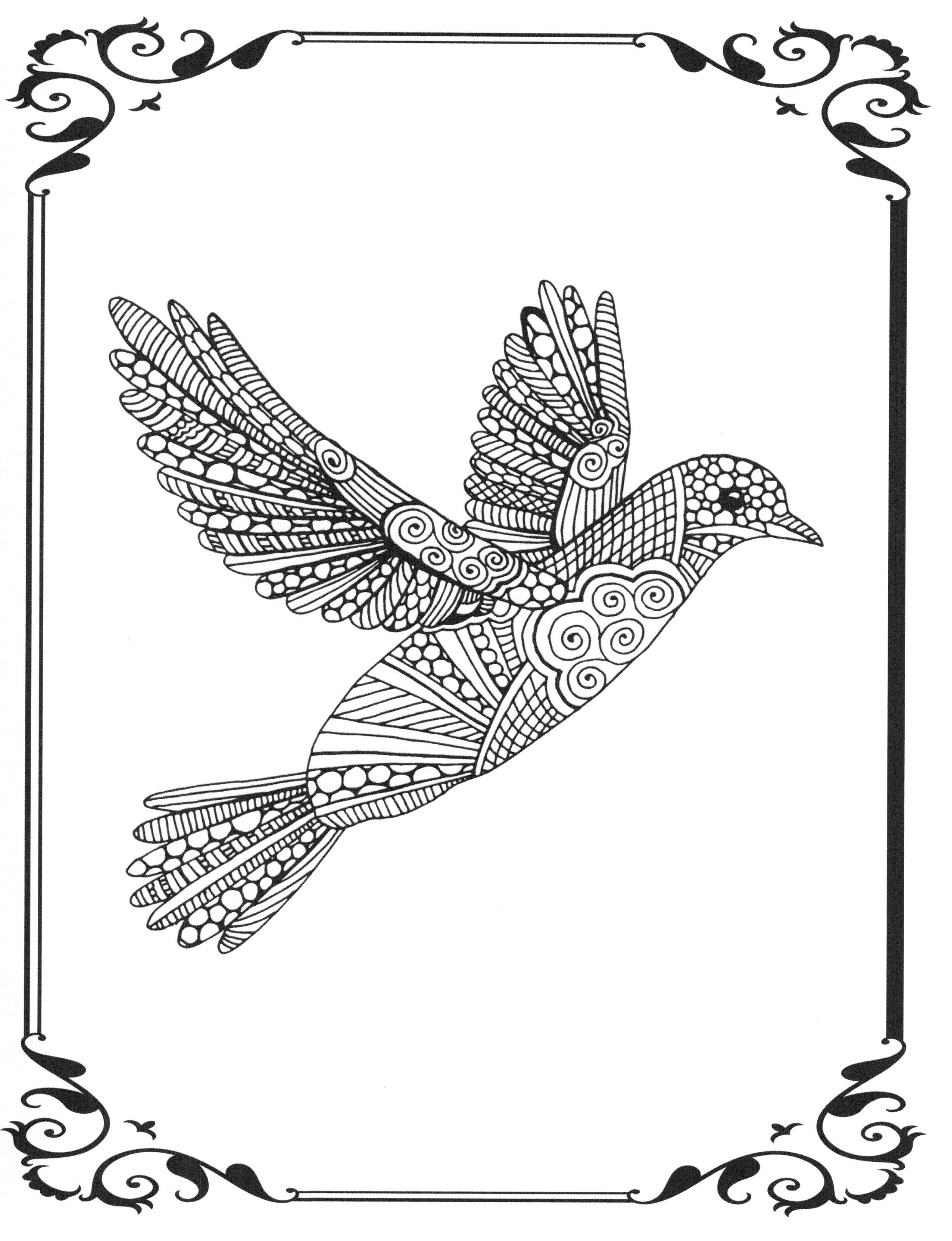

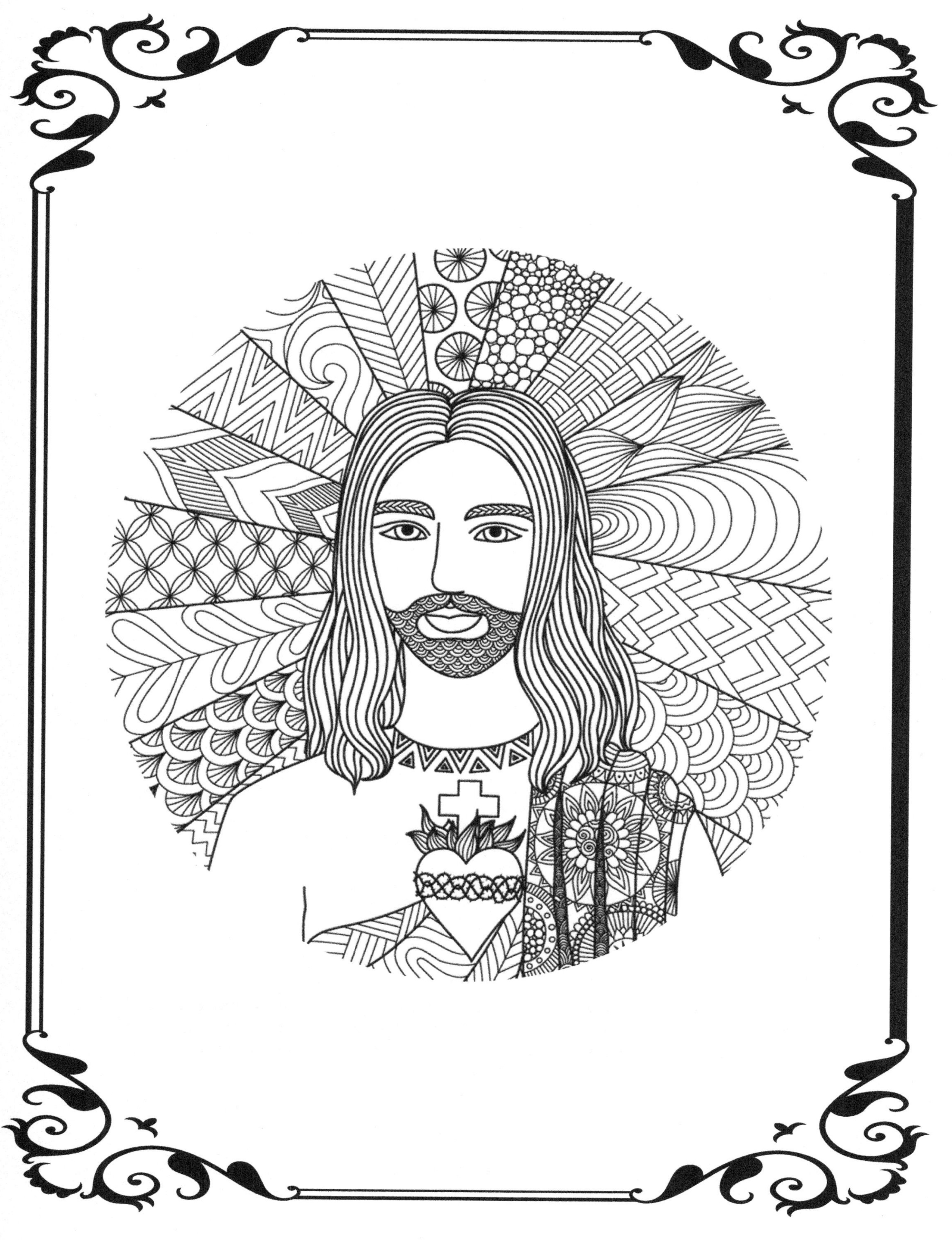

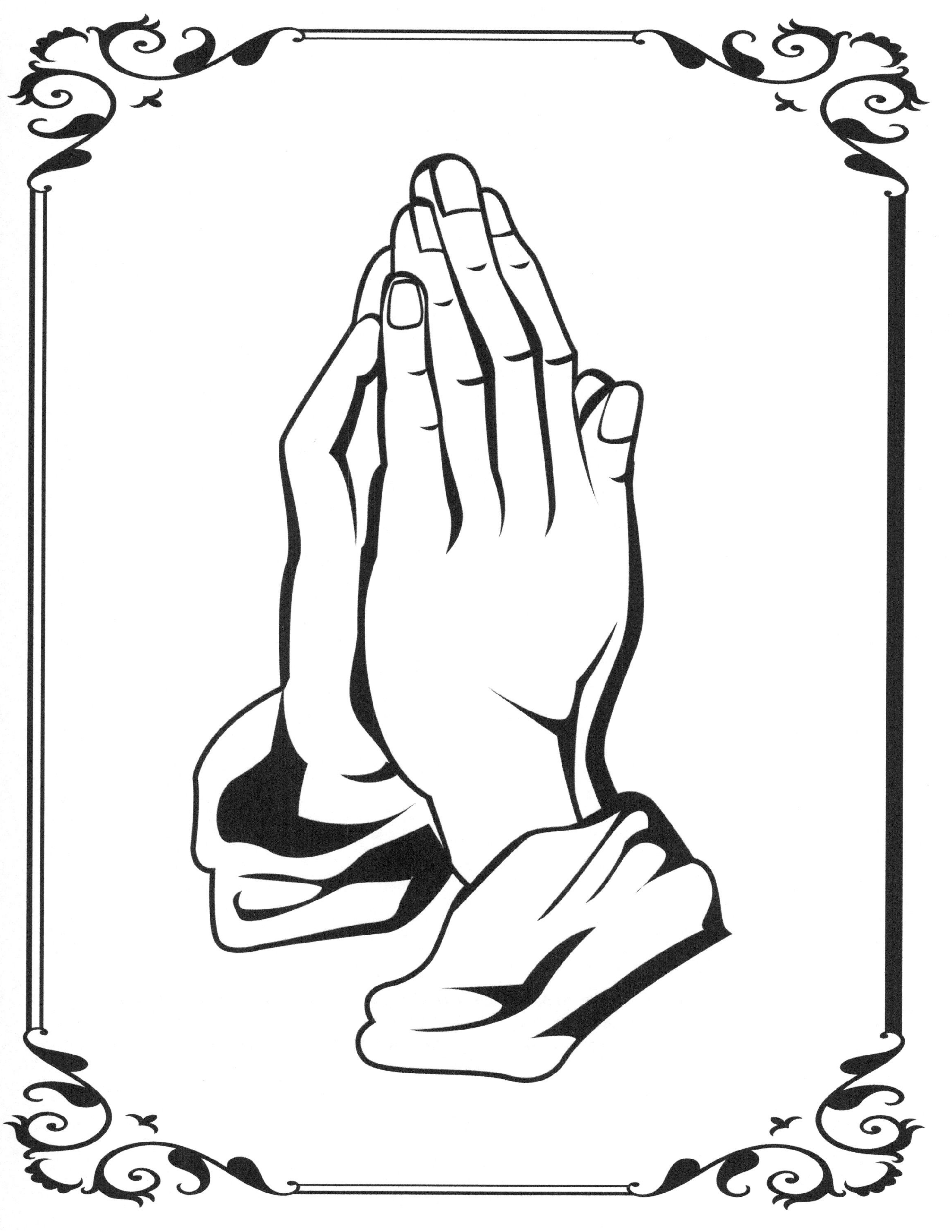

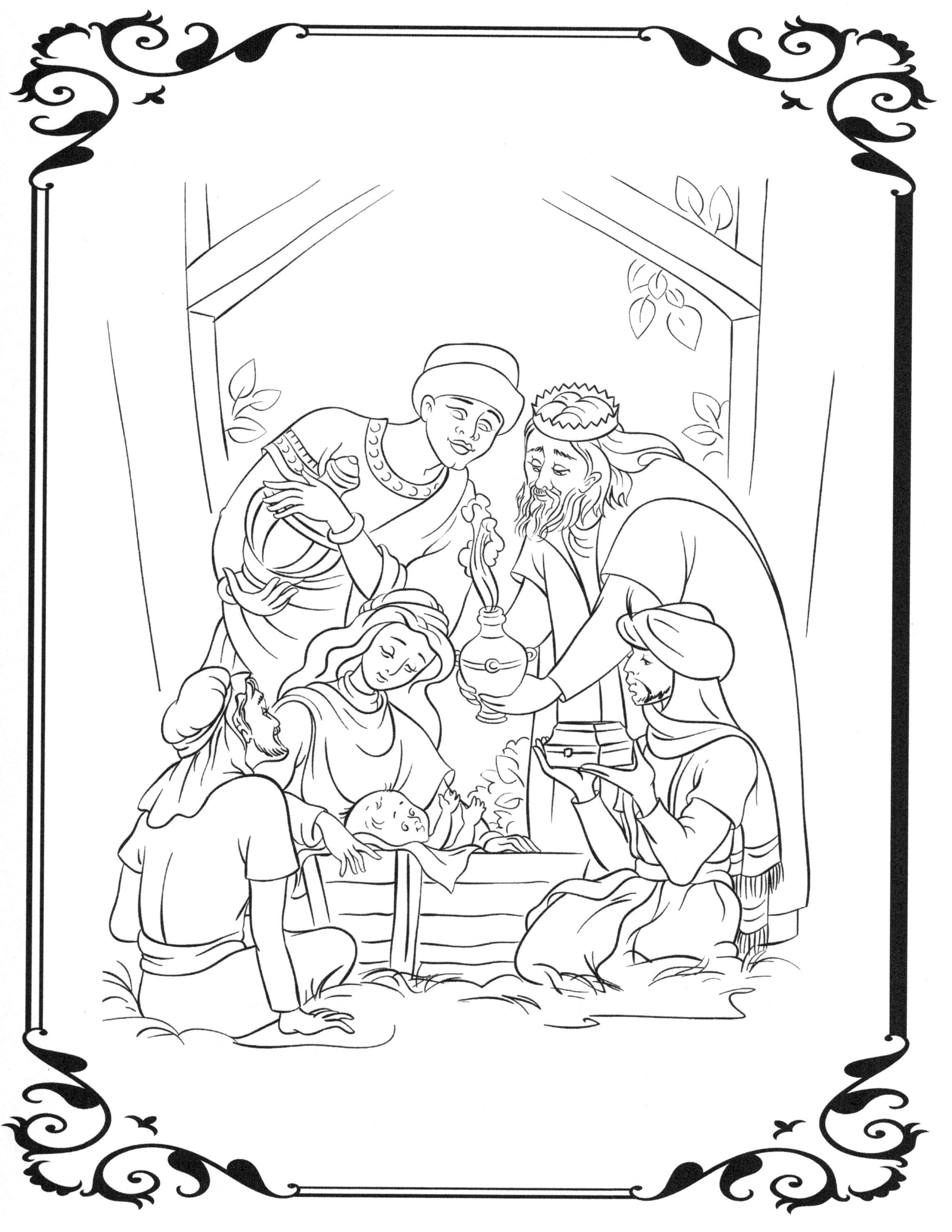

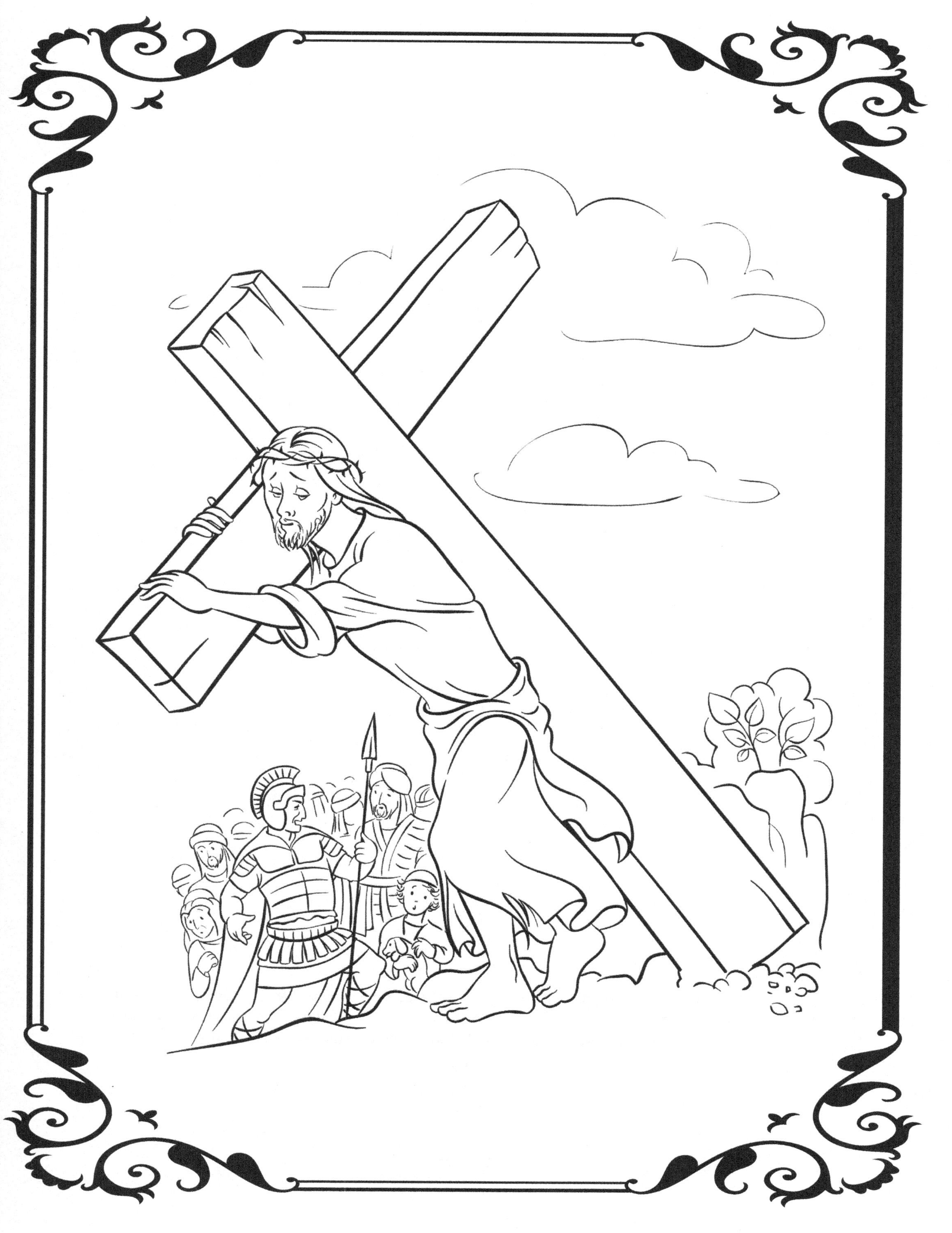

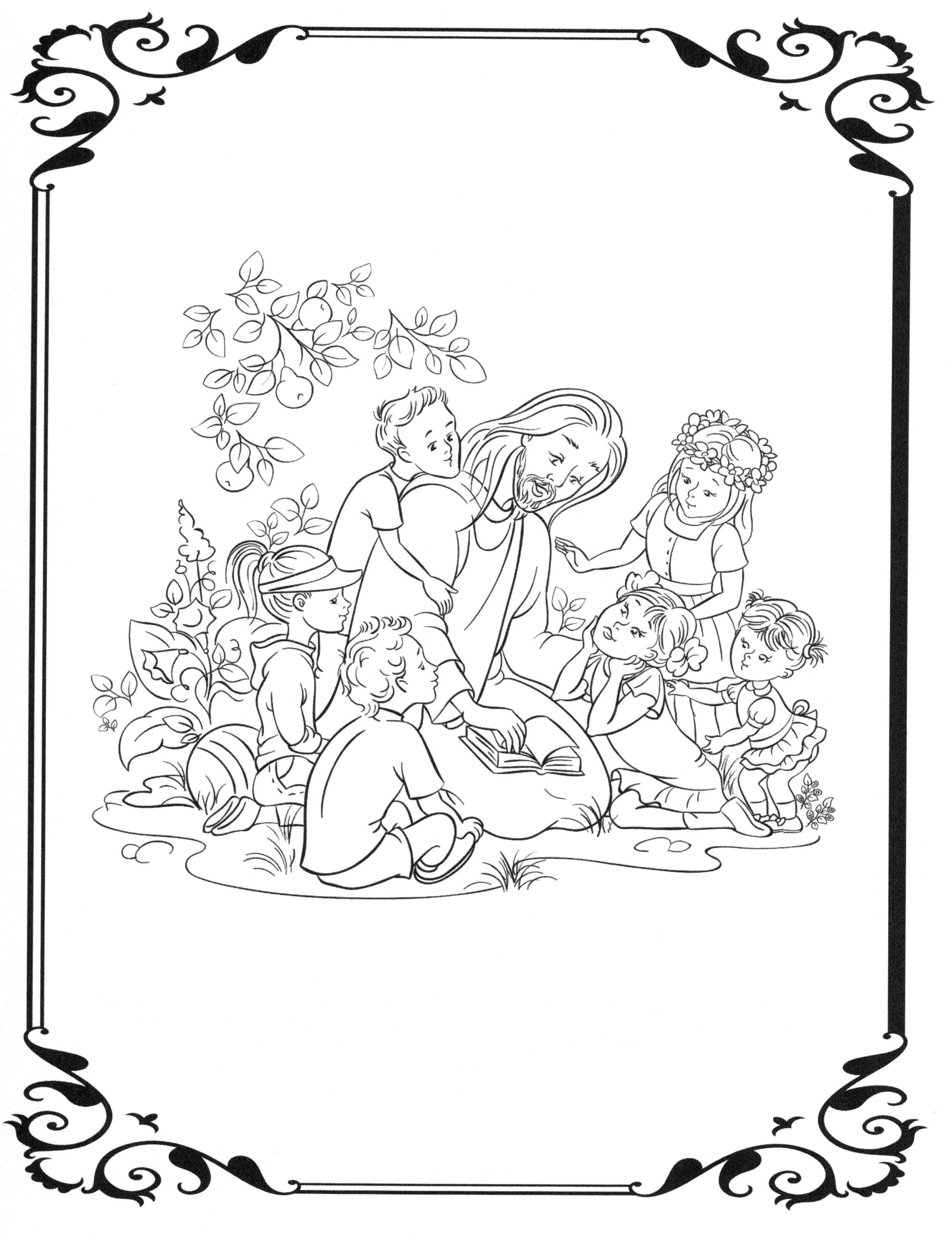

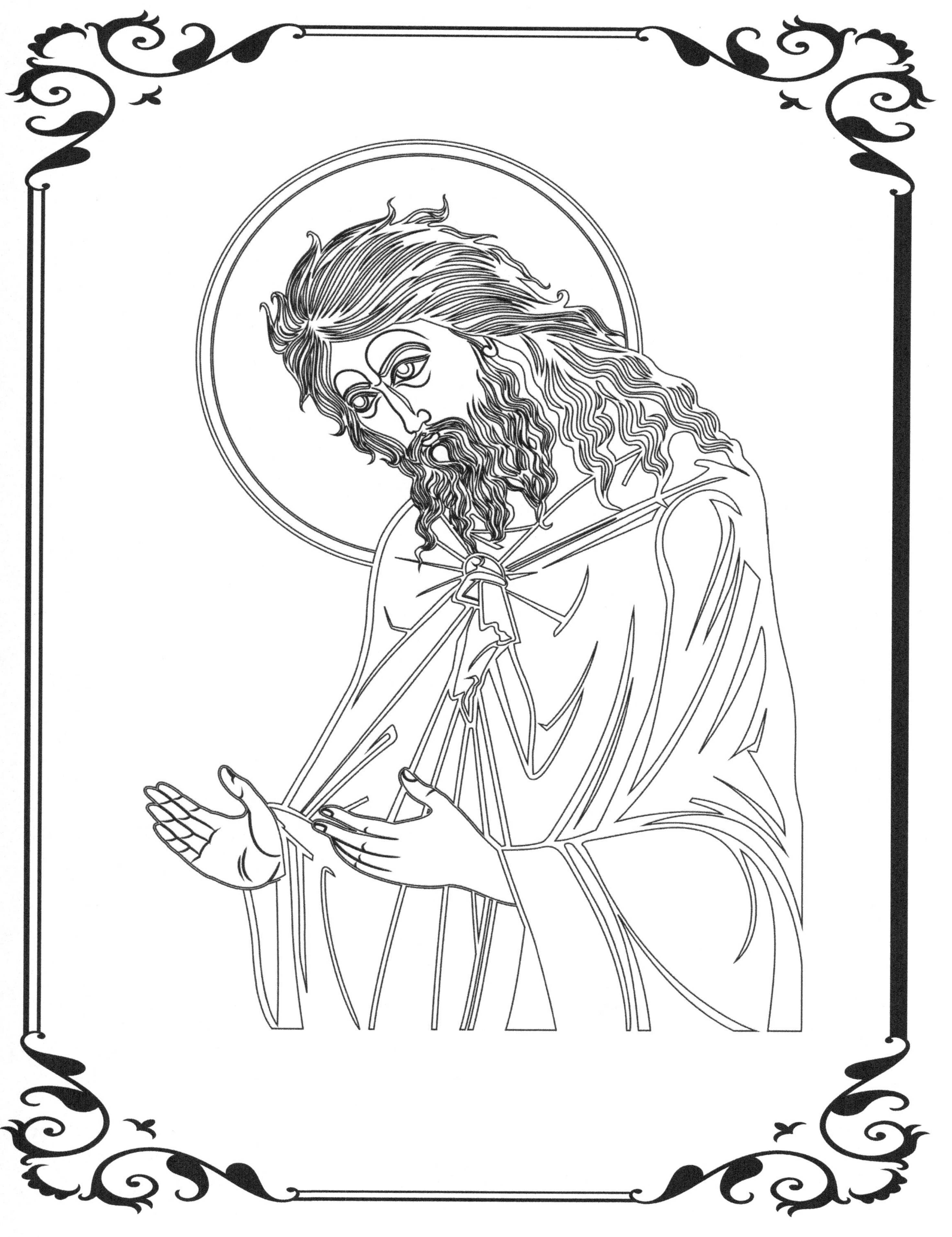

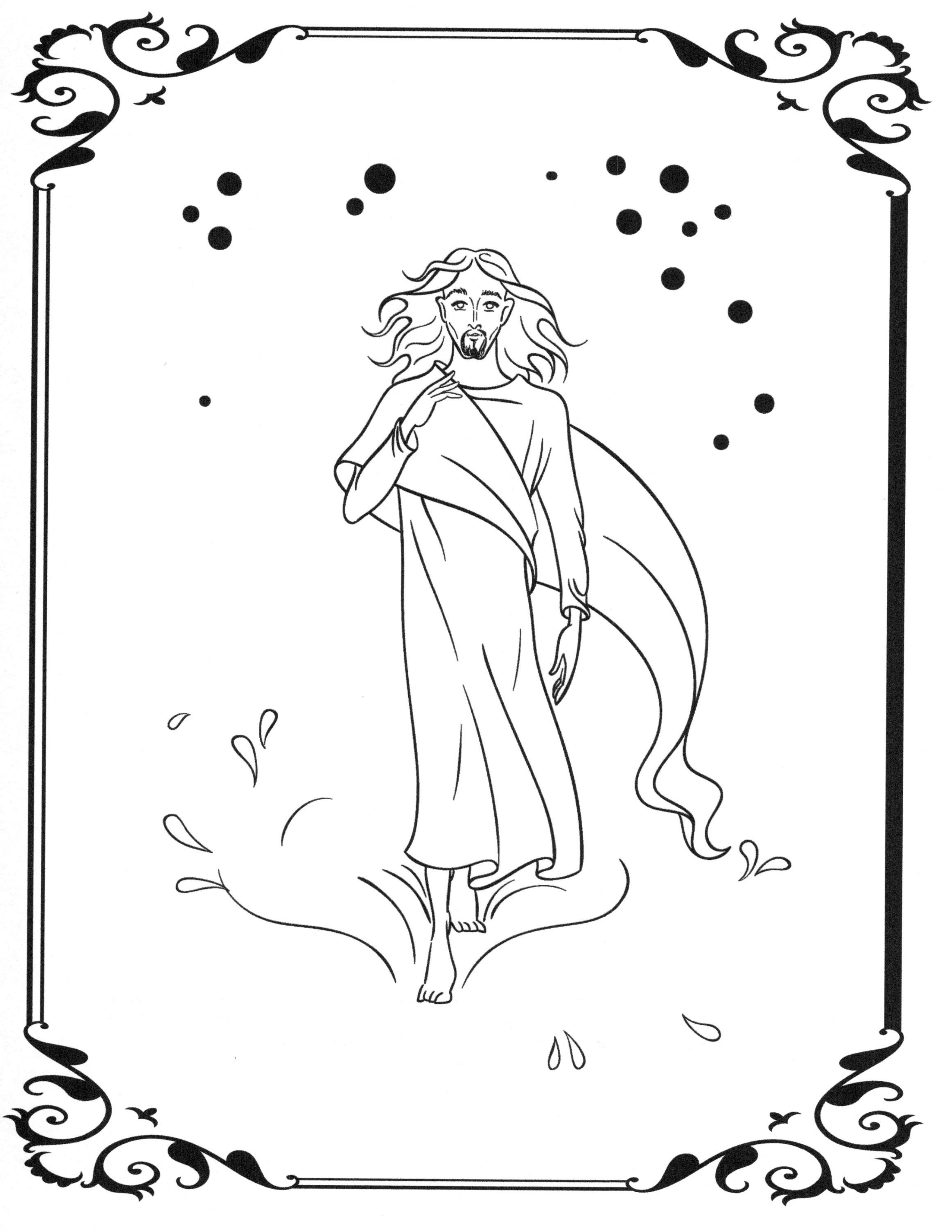

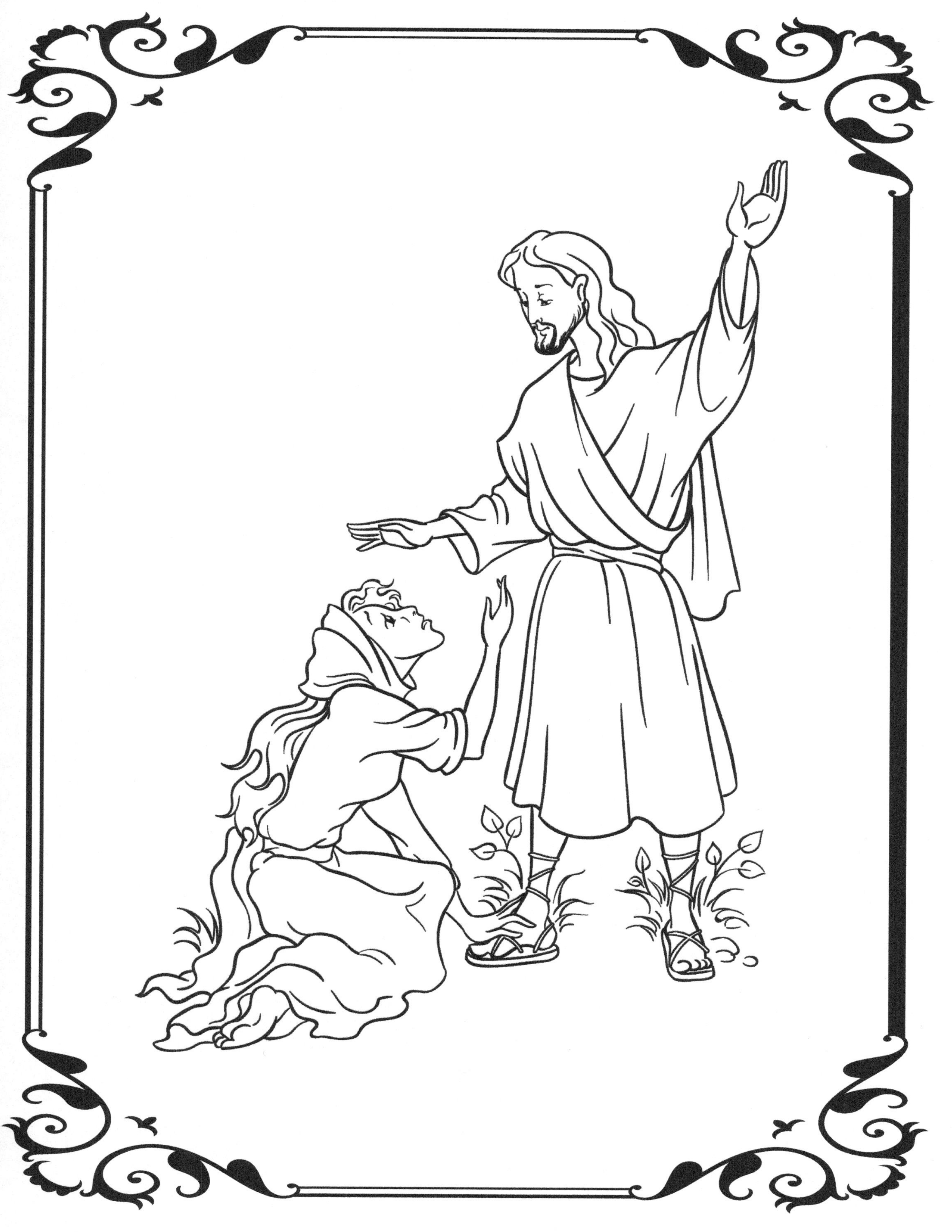

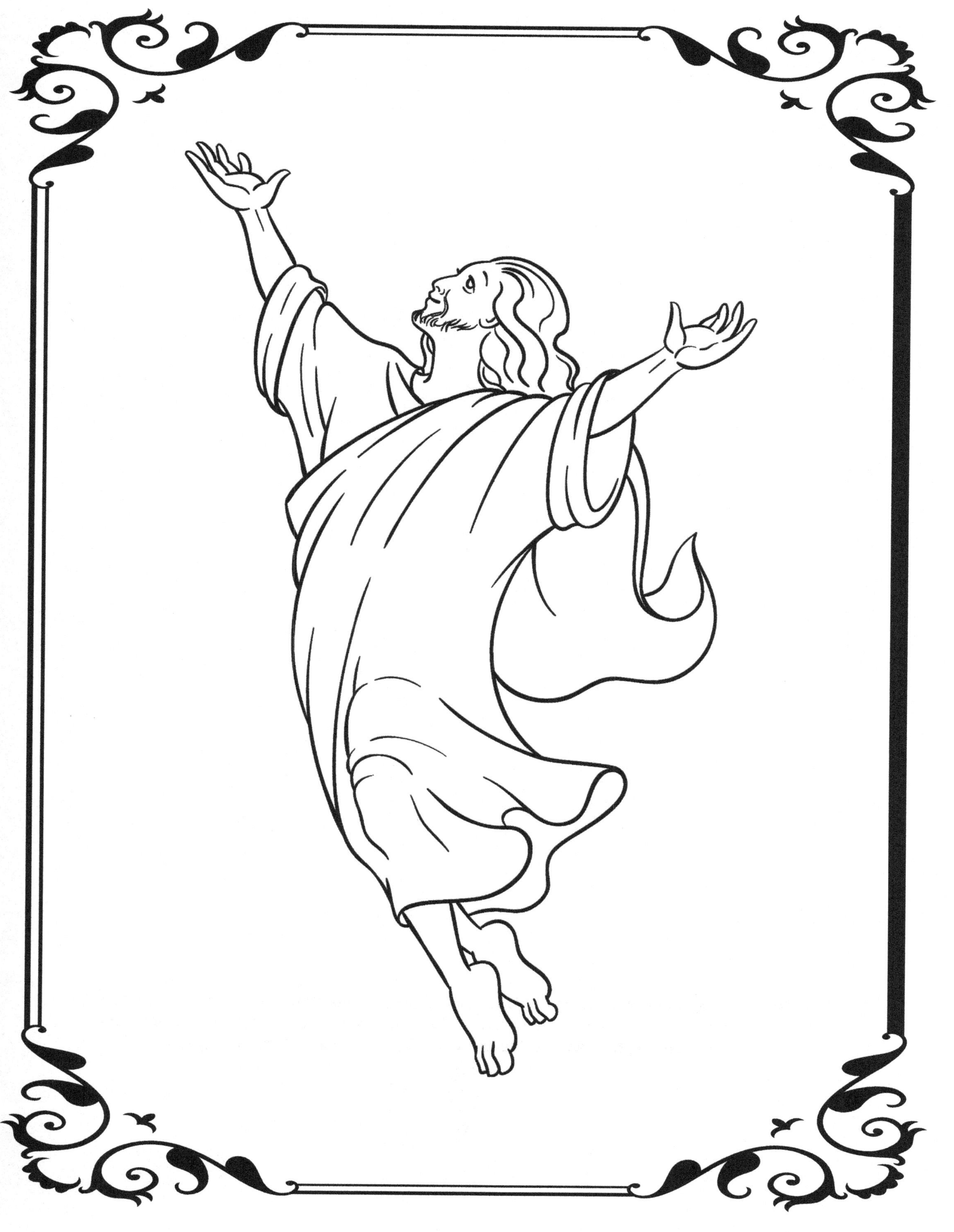

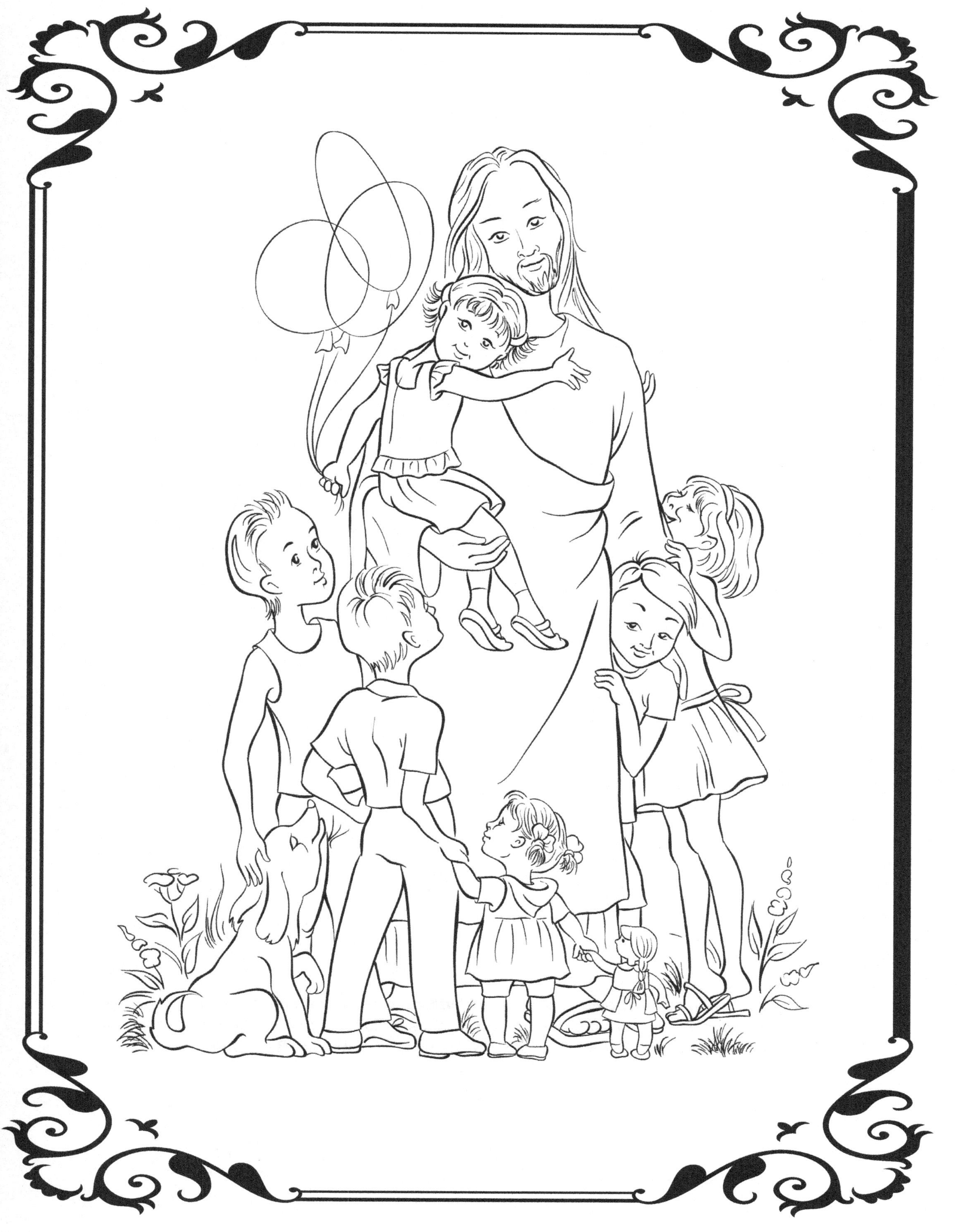

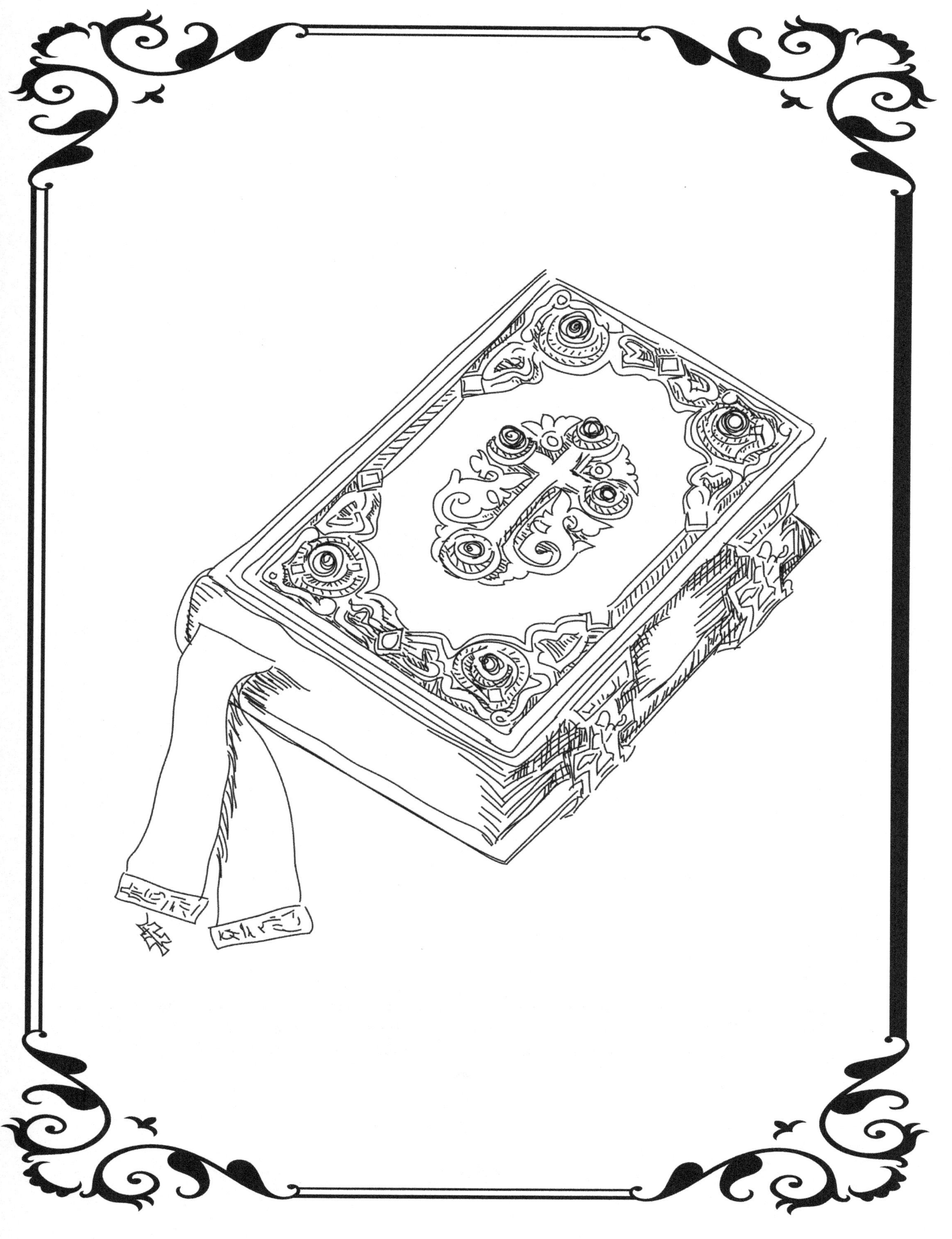

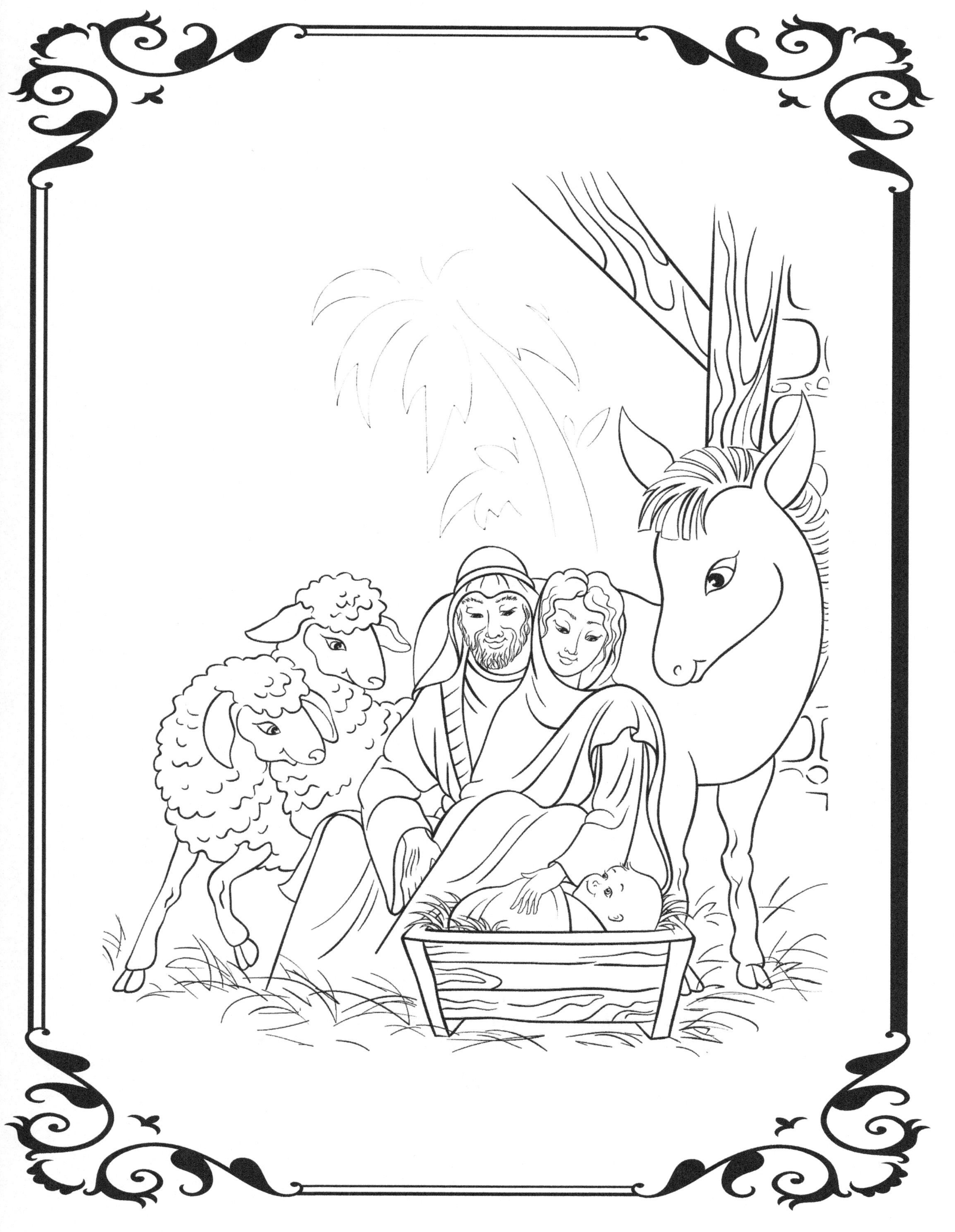

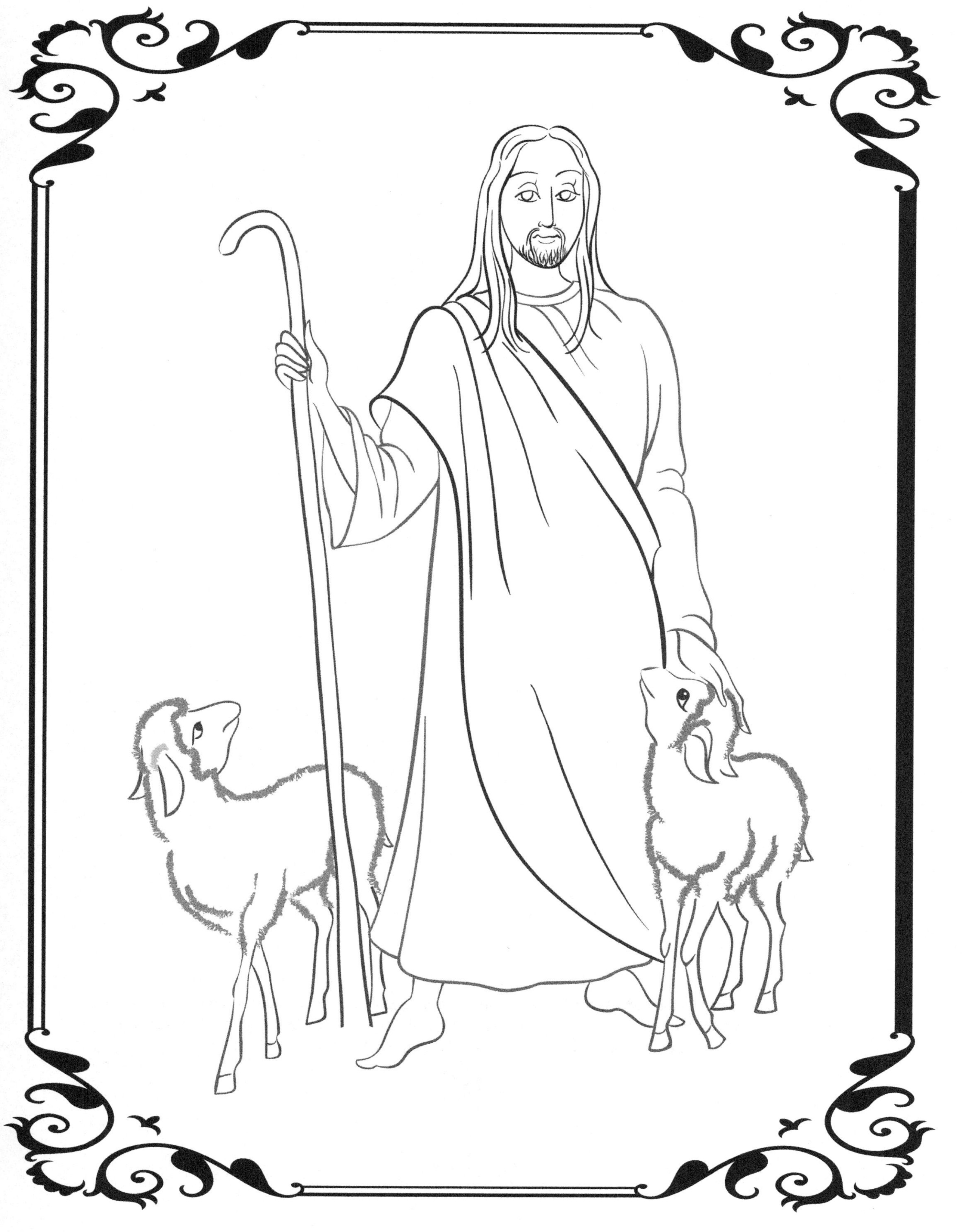

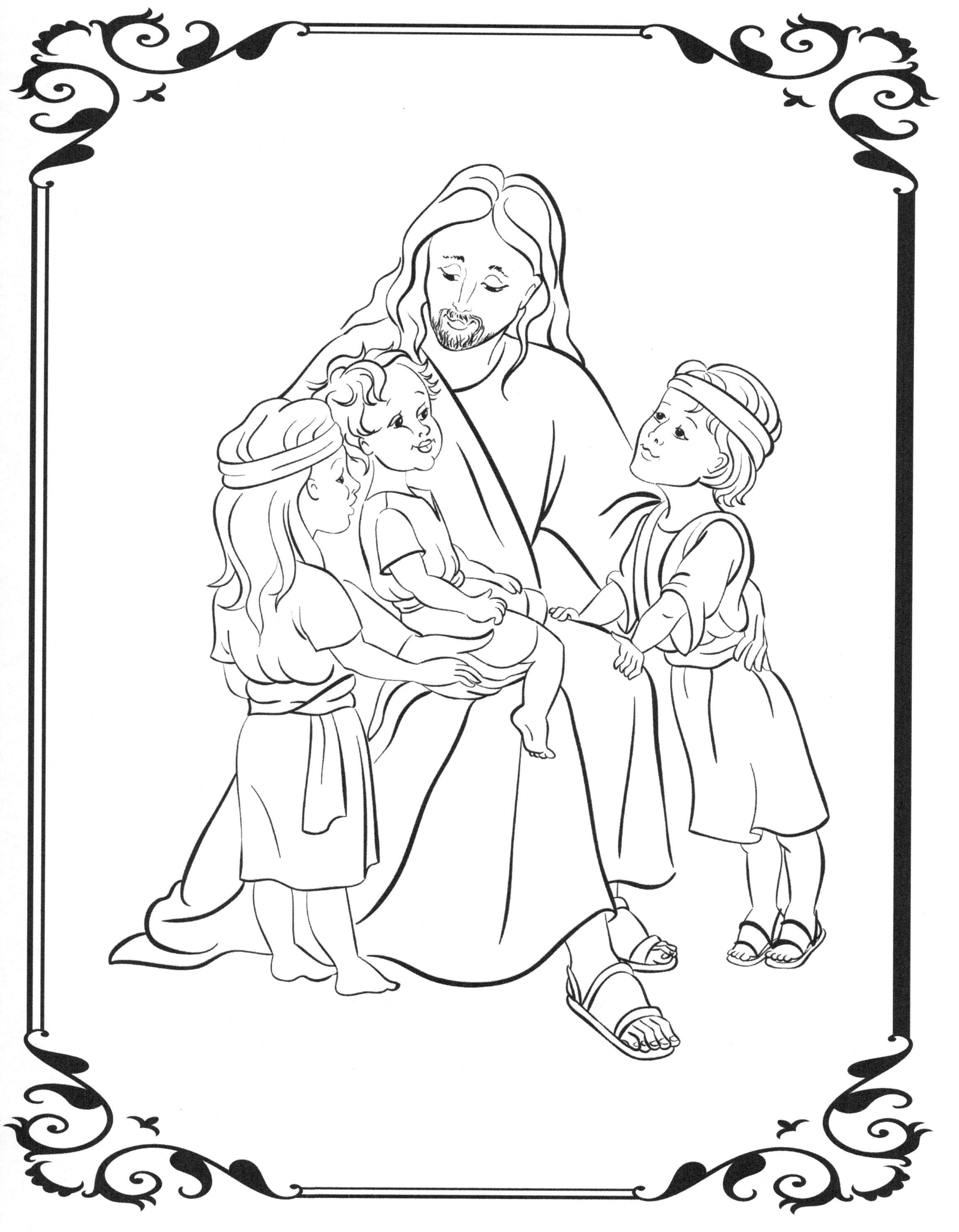

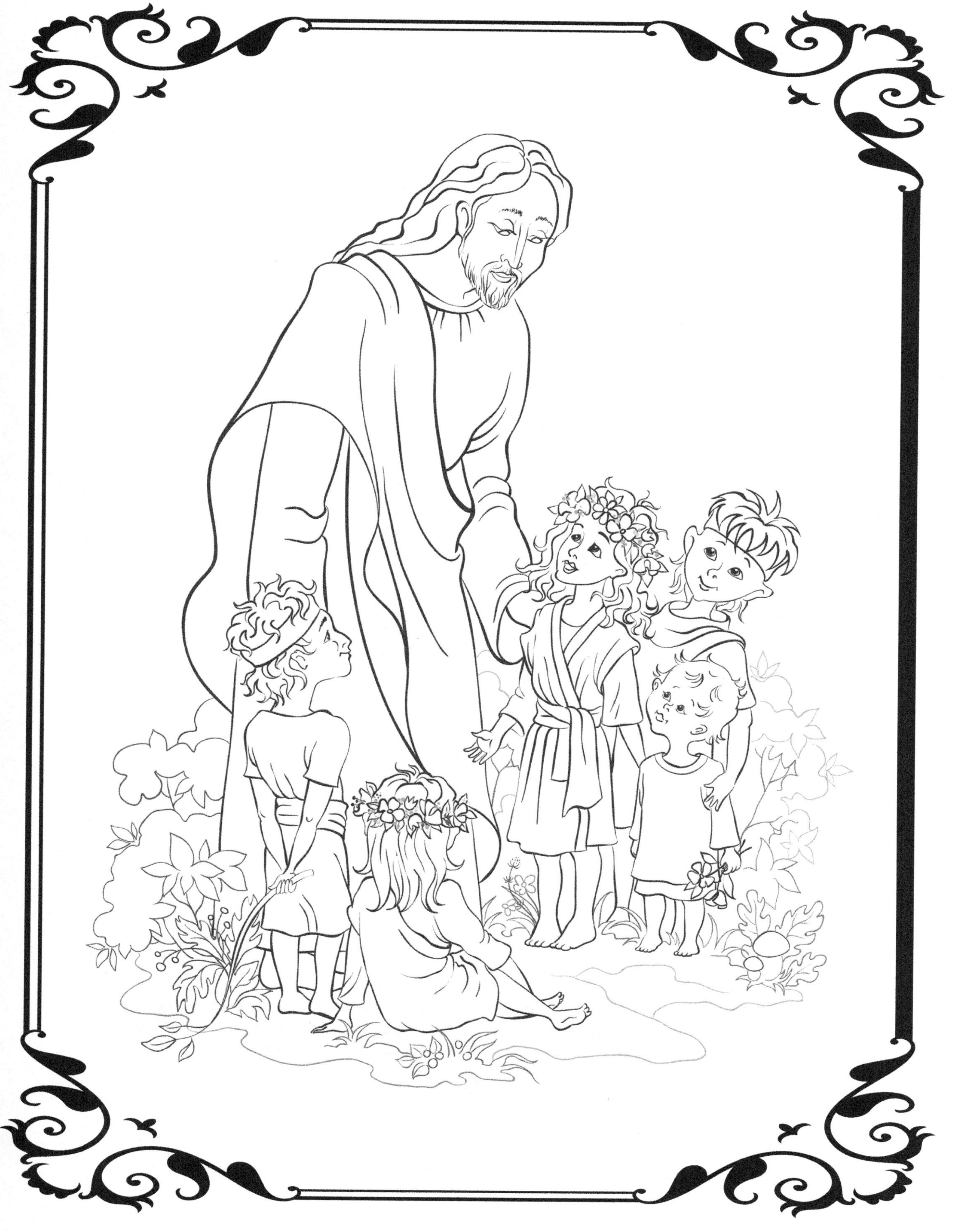

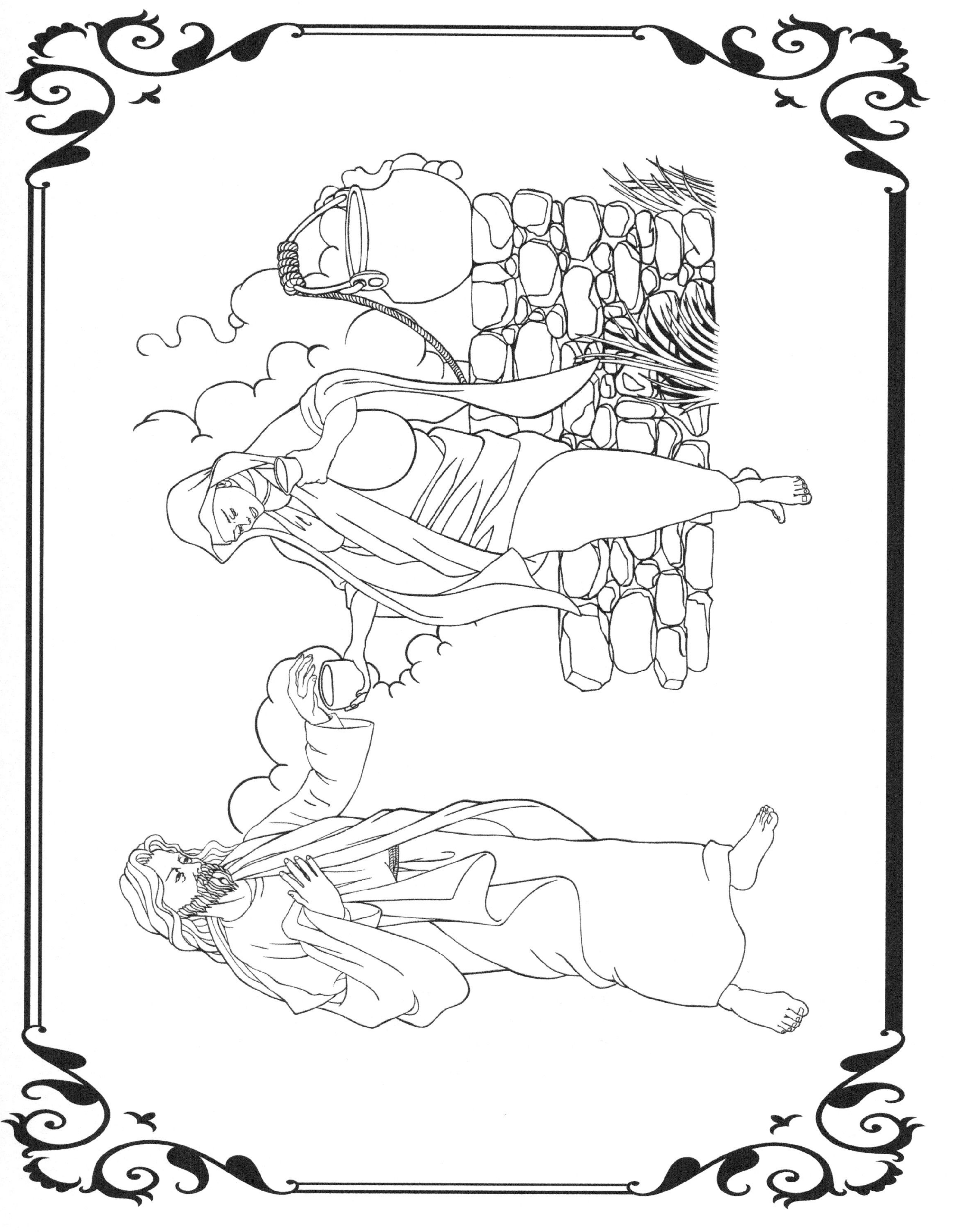

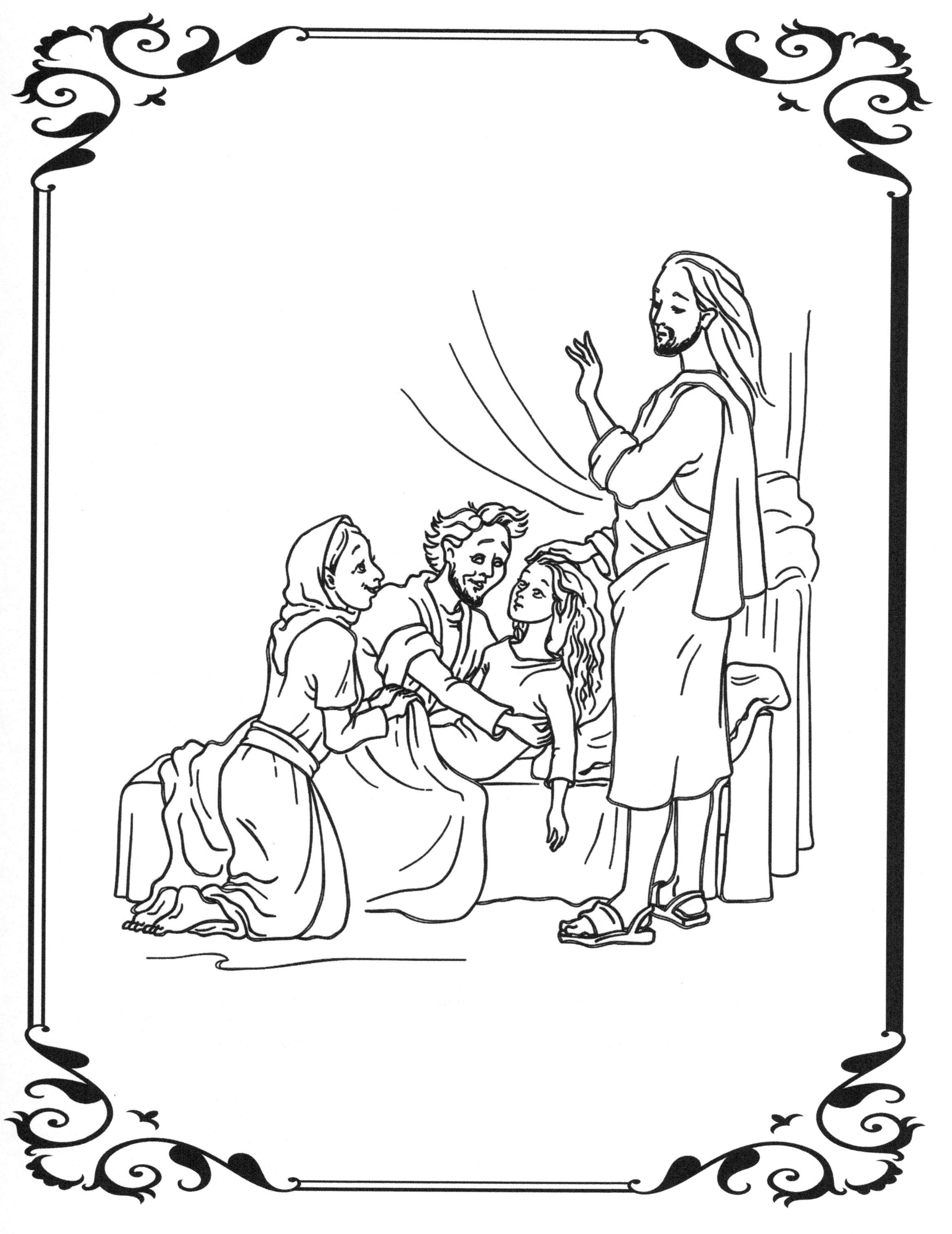

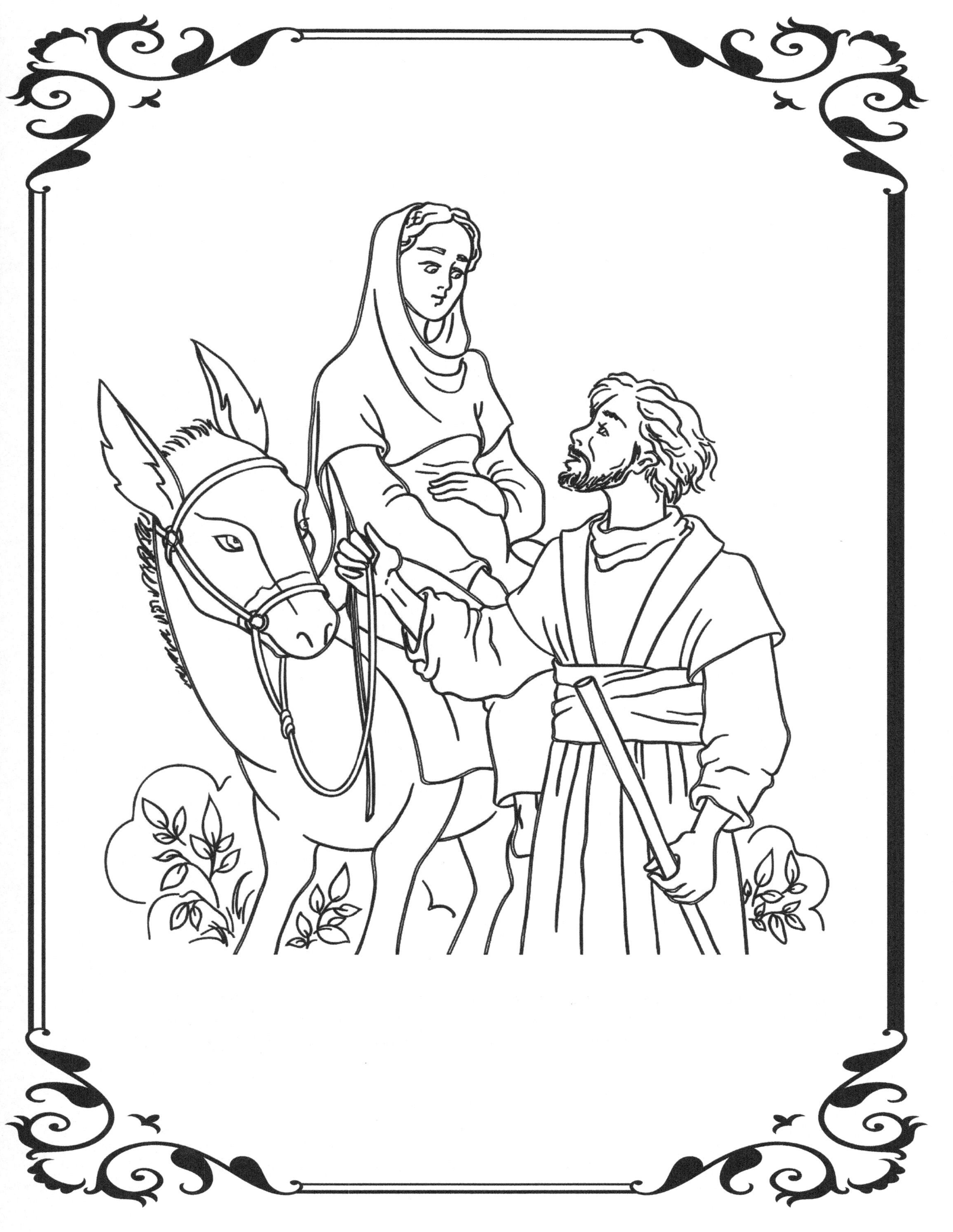

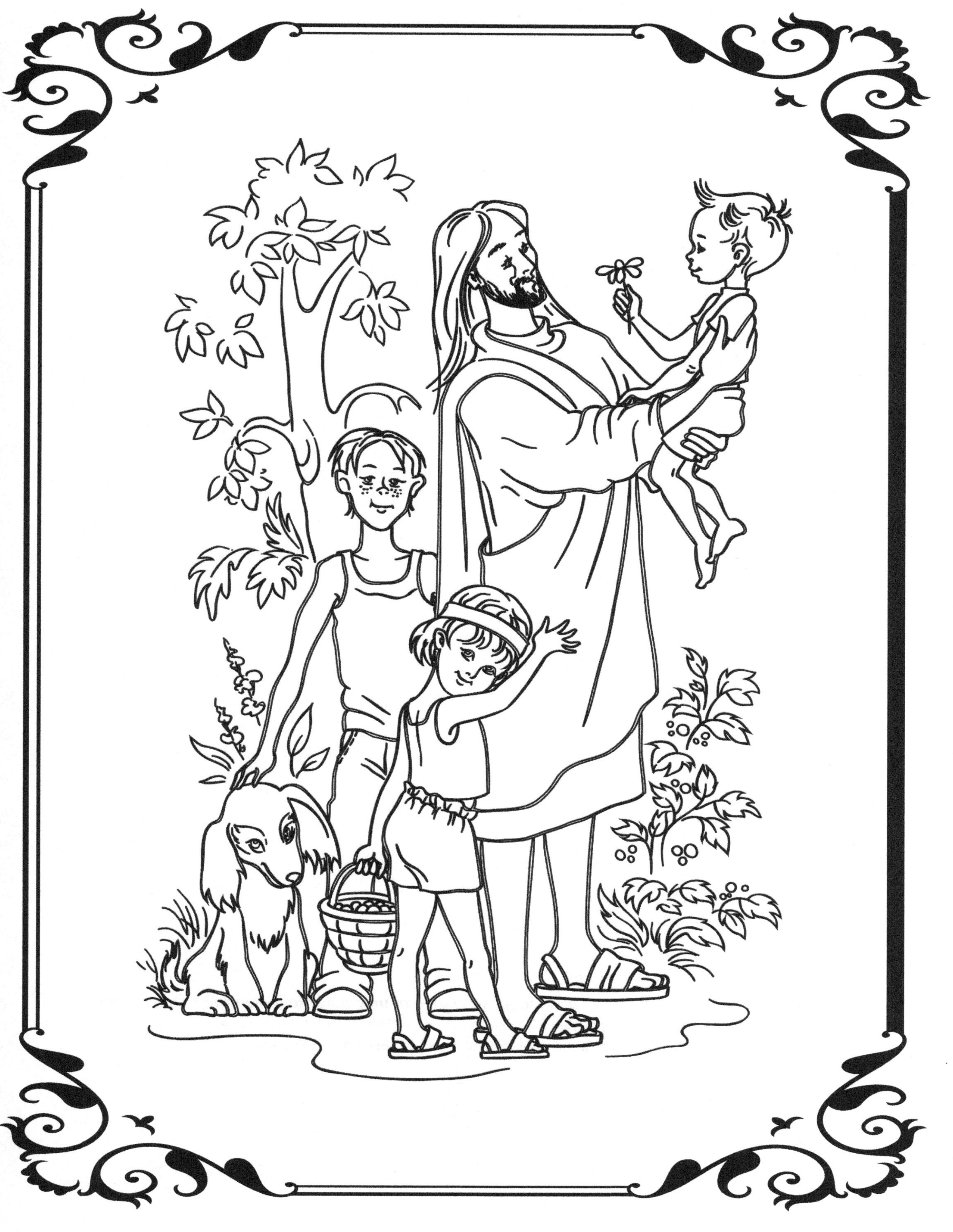

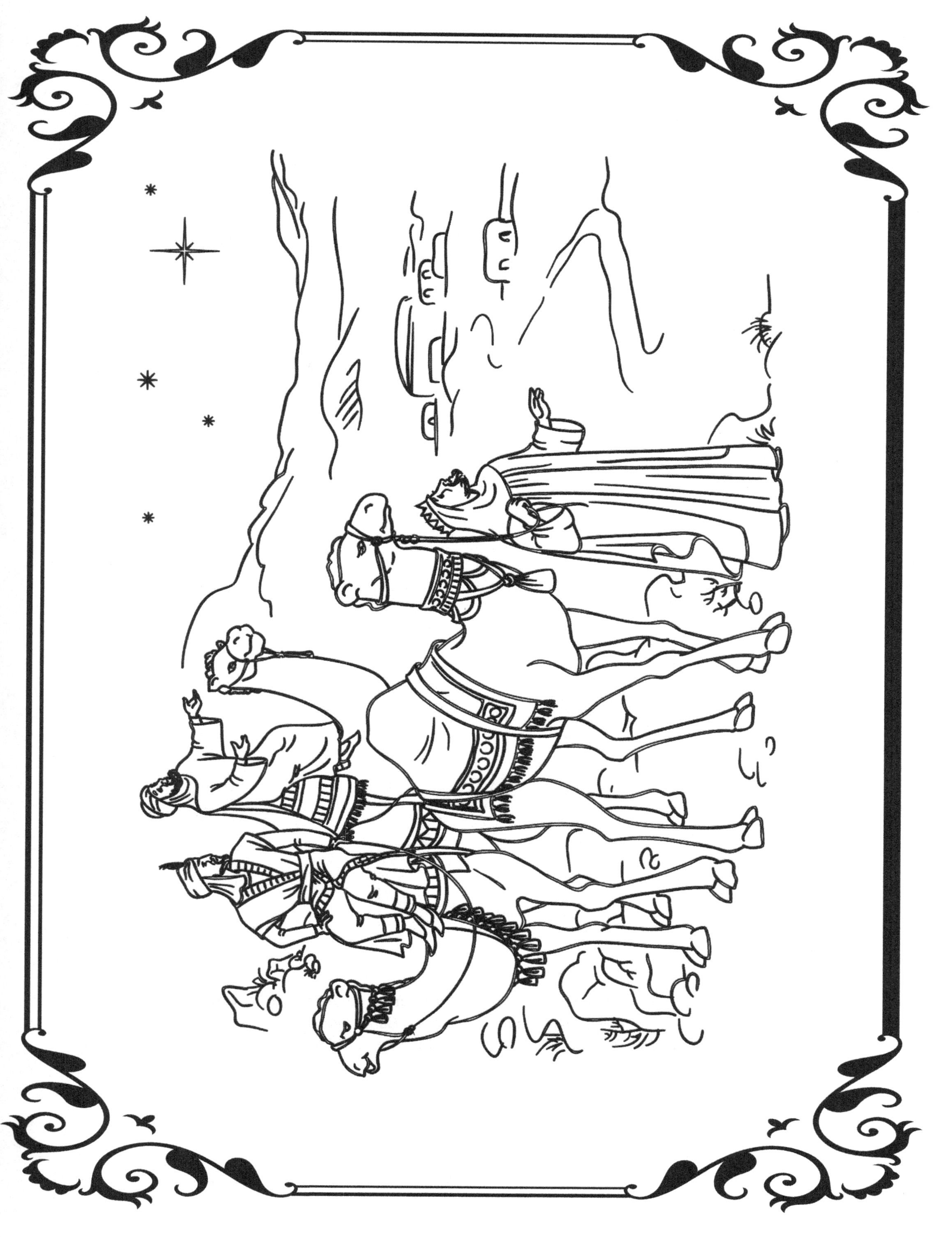

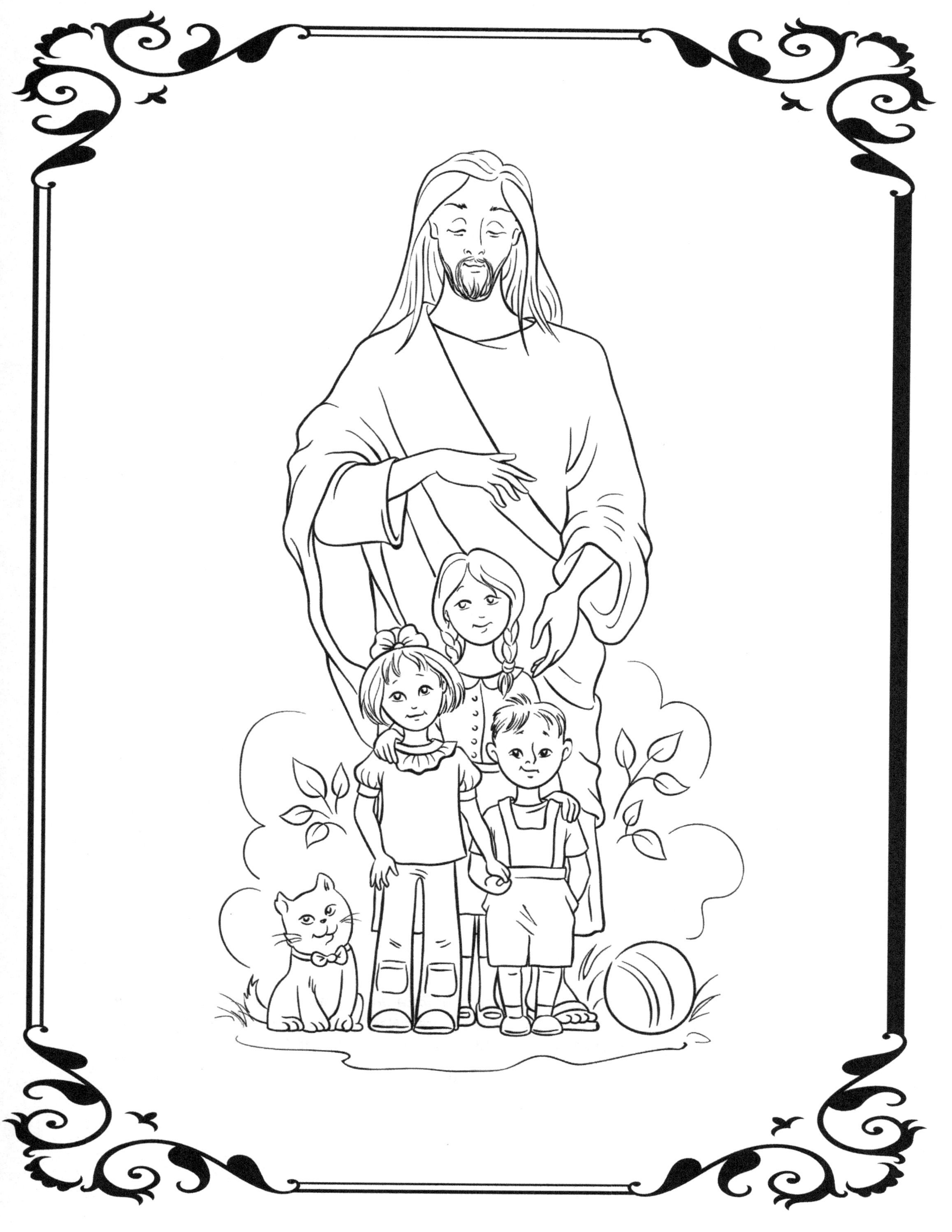

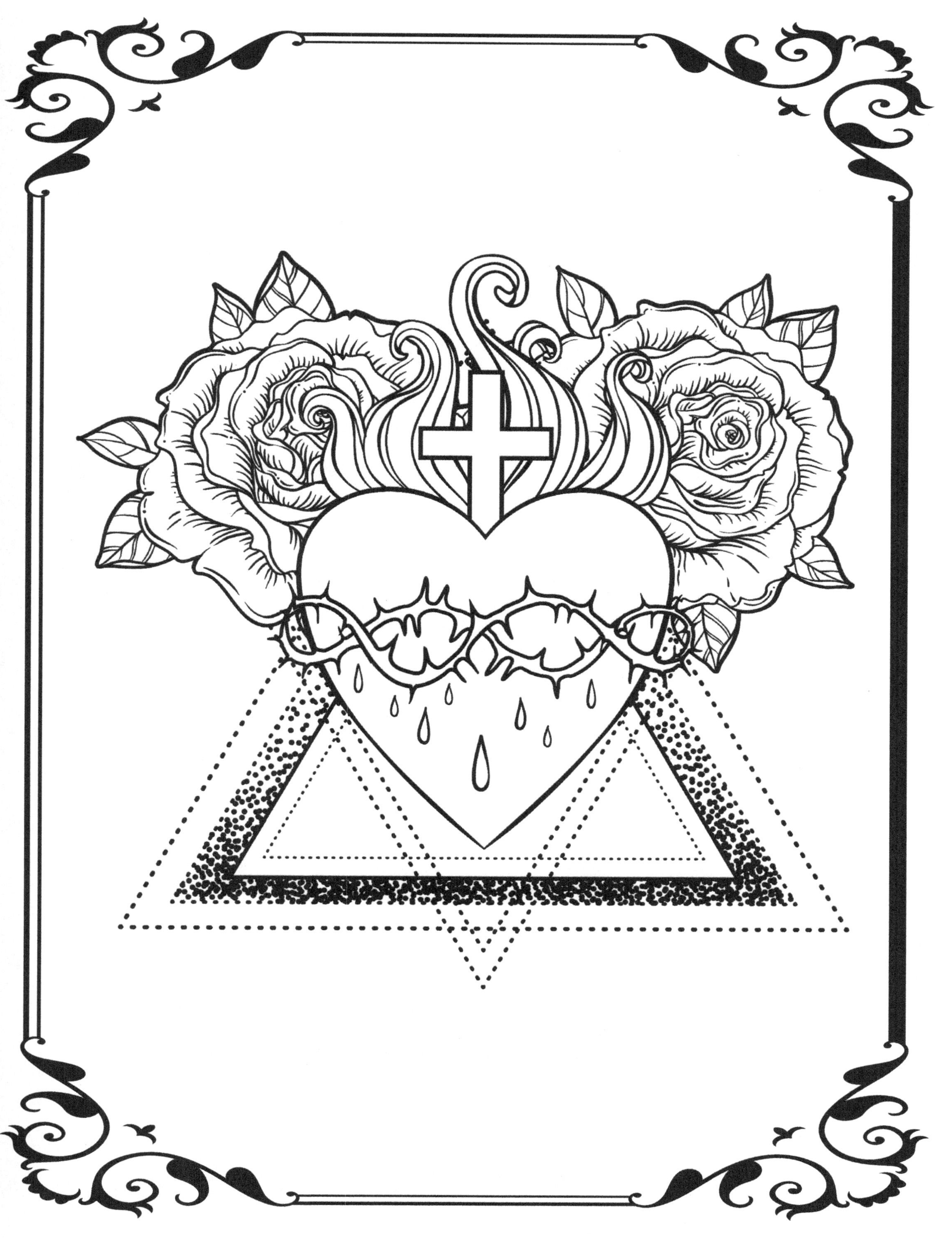

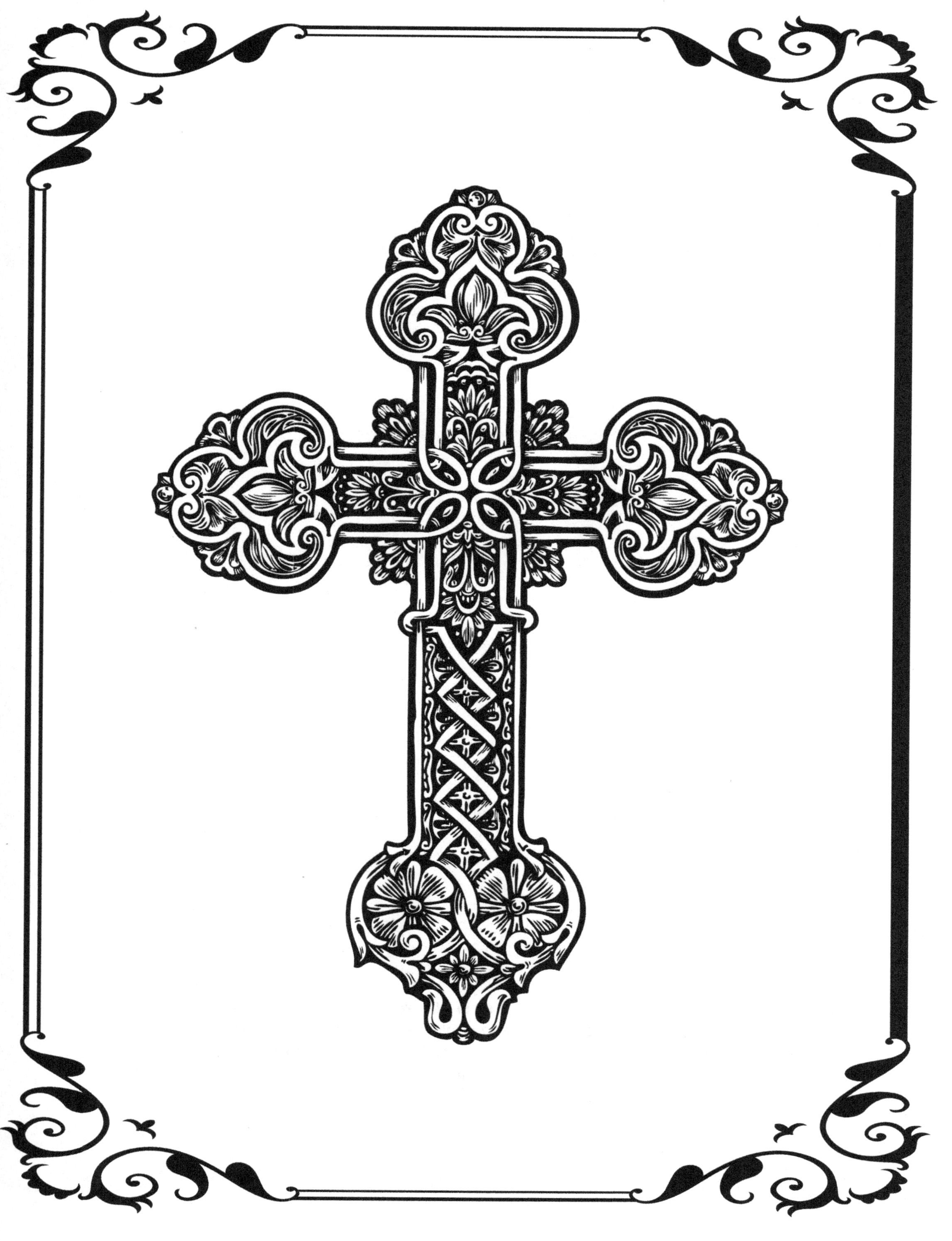

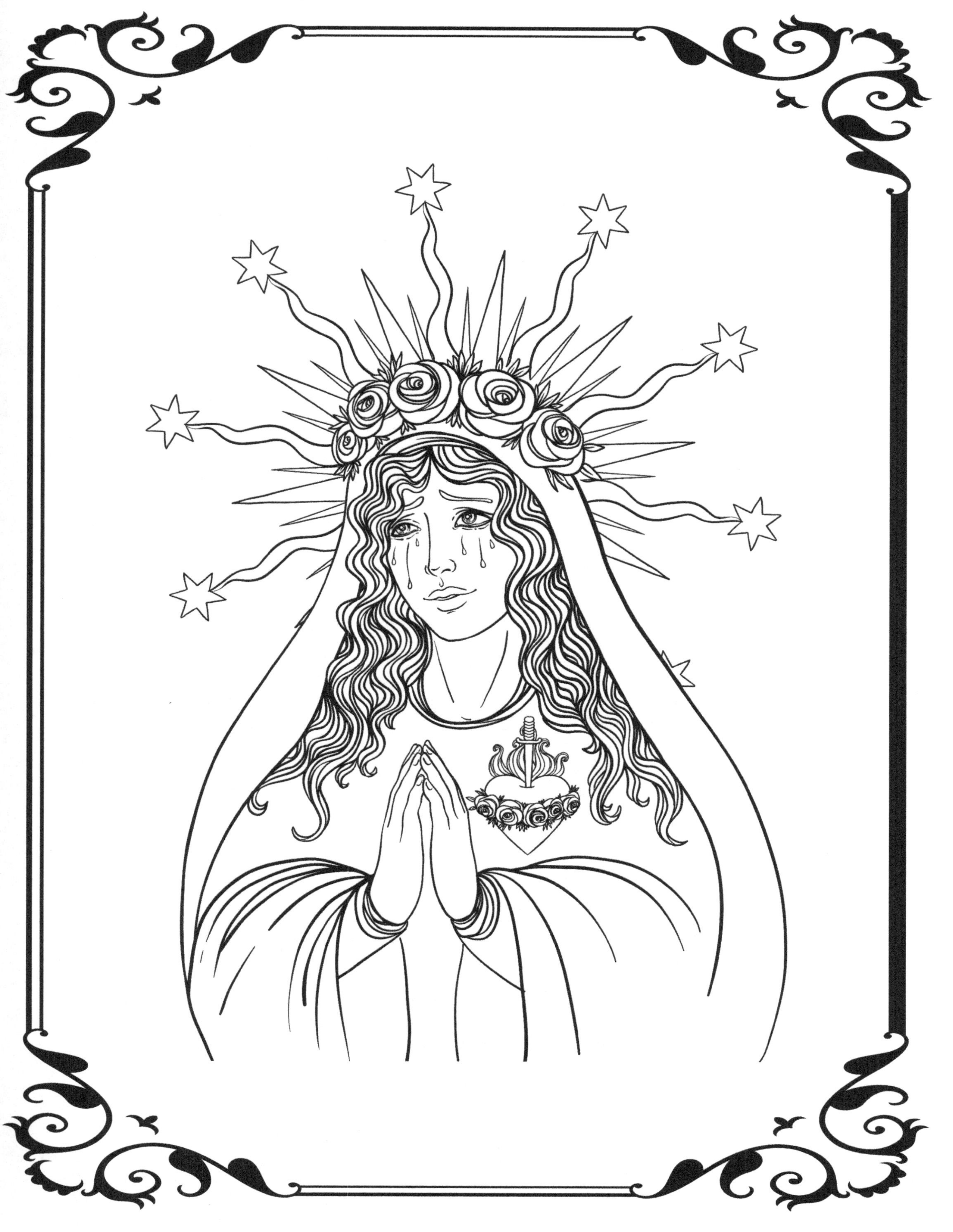

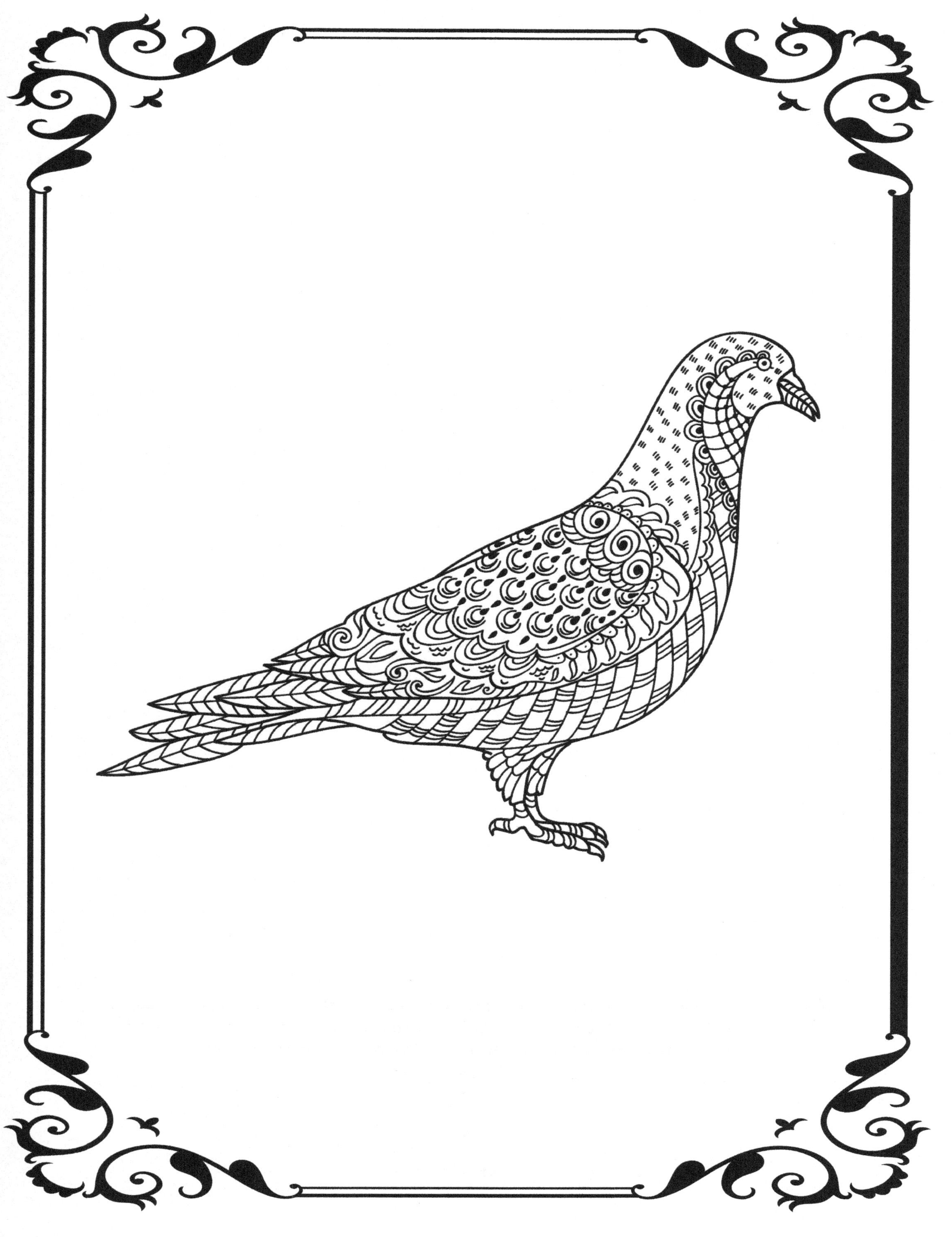

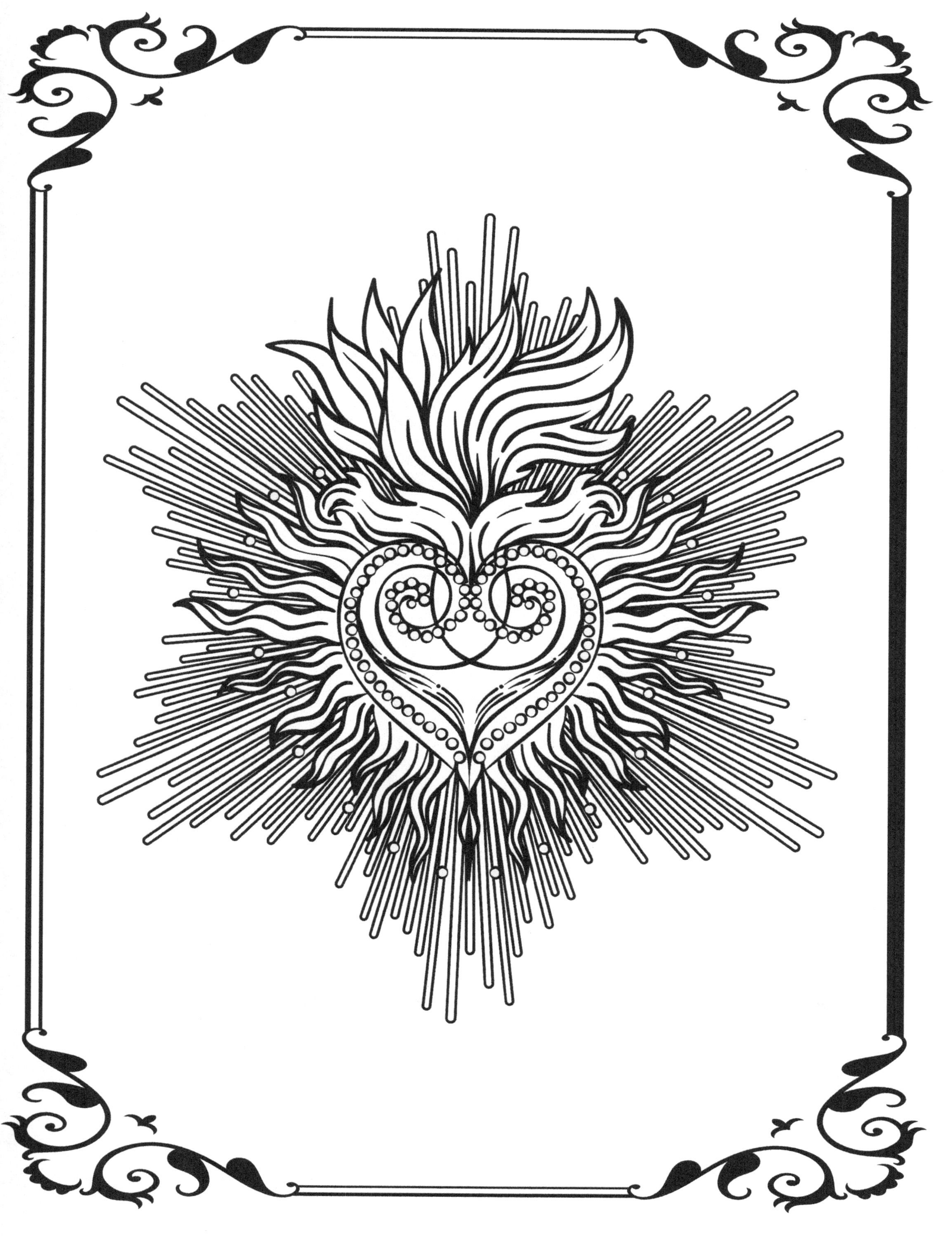

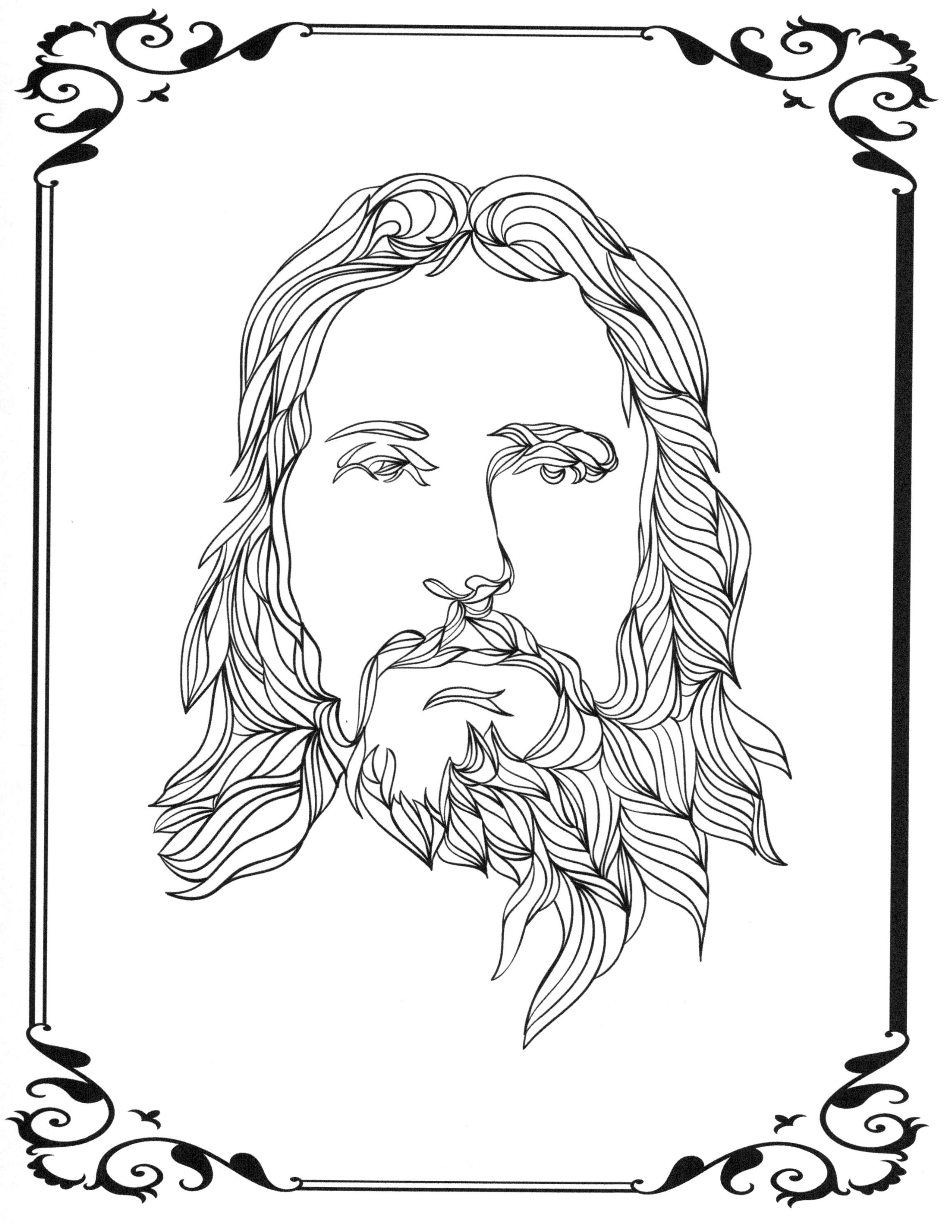

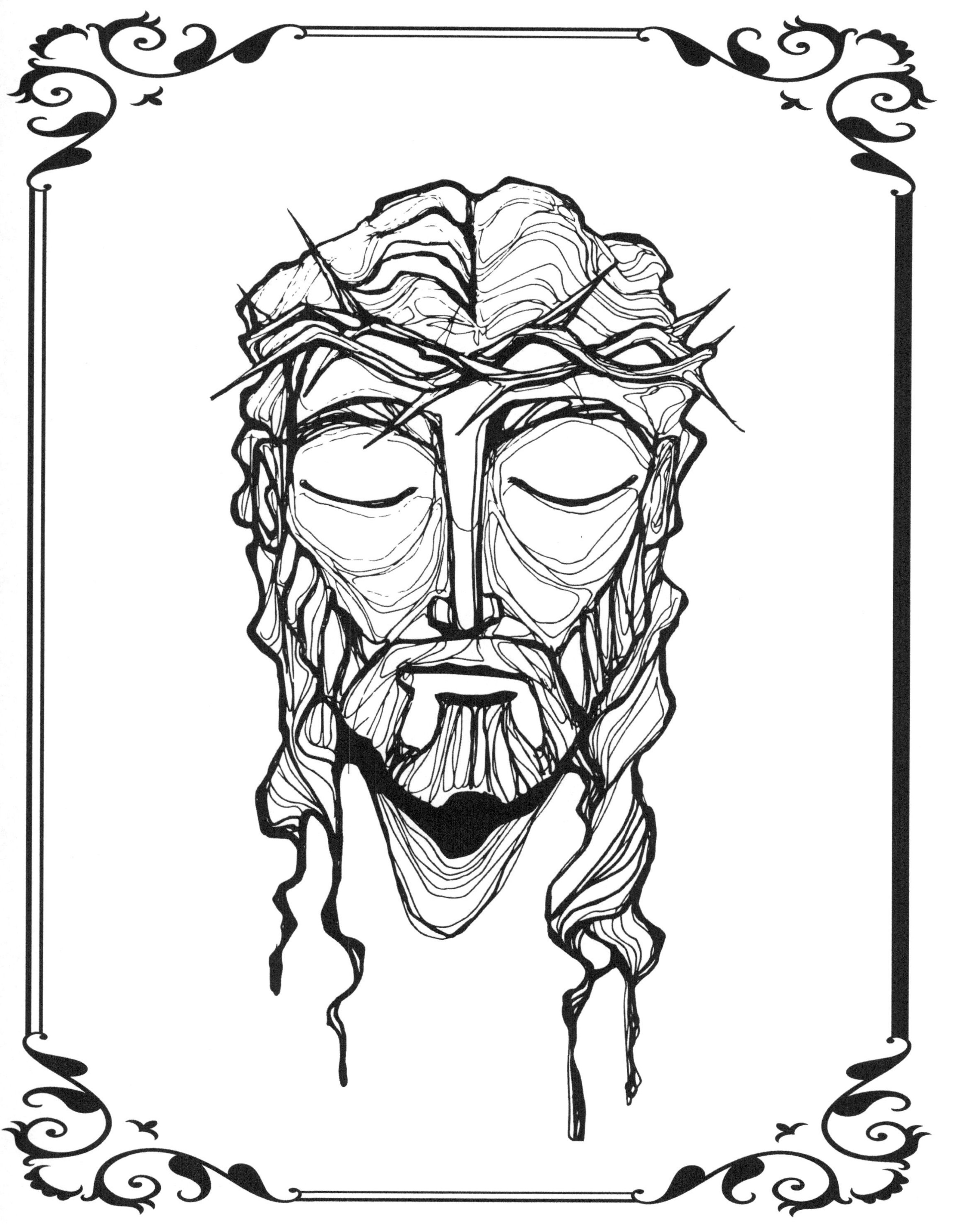

Made in the USA
Monee, IL
07 July 2026

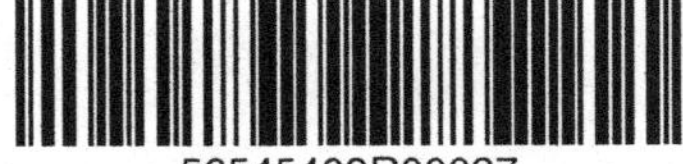